CATALOGUE

DES OUVRAGES

REFUSÉS PAR LE JURY DE 1863

Paris. — Typ. de PILLET fils aîné, rue des Grands-Augustins, 5.

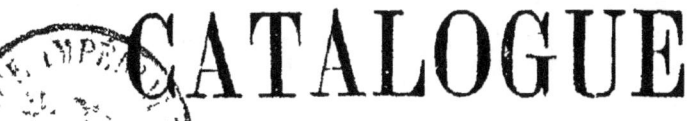

CATALOGUE

DES OUVRAGES

DE

PEINTURE, SCULPTURE, GRAVURE

LITHOGRAPHIE ET ARCHITECTURE

REFUSÉS PAR LE JURY DE 1863

Et exposés, par décision de S. M. l'Empereur,

AU SALON ANNEXE

— PALAIS DES CHAMPS-ÉLYSÉES —

LE 15 MAI 1863

Prix : 75 cent.

PARIS

LES BEAUX-ARTS, REVUE DE L'ART ANCIEN ET MODERNE

RUE TARANNE, 19

—

1863

De nombreuses réclamations sont parvenues à l'émpereur au sujet des œuvres d'art qui ont été refusées par le jury de l'Exposition. Sa Majesté, voulant laisser le public juge de la légitimité de ces réclamations, a décidé que les œuvres d'art qui ont été refusées seraient exposées dans une autre partie du Palais de l'Industrie.

Cette Exposition sera facultative, et les artistes qui ne voudraient pas y prendre part n'auront qu'à en informer l'administration, qui s'empressera de leur restituer leurs œuvres.

Cette Exposition s'ouvrira le 15 mai. Les artistes ont jusqu'au 7 mai pour retirer leurs œuvres. Passé ce délai, leurs tableaux seront considérés comme non retirés, et seront placés dans les galeries.

(Extrait du *Moniteur* du 24 avril 1863.

Ce catalogue a été composé, en dehors de toute spéculation de librairie, par les soins du comité des artistes refusés par le jury d'admission au salon de 1863 ; sans le secours de l'administration et sur des notices recueillies de tous côtés et à la hâte. Un certain nombre d'artistes n'ayant point eu sans doute connaissance de sa préparation, soit qu'ils aient été absents de Paris, soit que les avis publiés par l'*Opinion Nationale*, la *Patrie*, le *Temps*, la *Presse*, le *Siècle*, le *Moniteur des Arts, etc.*, ne soient point parvenus jusqu'à eux, ce catalogue n'a pu être rendu aussi complet que l'eût désiré le comité.

En livrant la dernière page de ce catalogue à l'impression, le comité a accompli sa mission tout entière ; mais en la terminant, il éprouve le besoin d'exprimer le regret profond qu'il a ressenti, en constatant le nombre considérable des artistes qui n'ont pas cru devoir maintenir leurs ouvrages à la contre-exposition. Cette abstention est d'autant plus regrettable, qu'elle prive le public et la critique de bien des œuvres dont la valeur eût été précieuse, autant pour répondre à la pensée qui a inspiré la contre-exposition, que pour l'édification entière de cette épreuve, peut-être unique, qui nous est offerte.

Les membres du comité,

CHINTREUIL,
DESBROSSES (Jean),
DESBROSSES,
DUPUIS (P. Félix),
JUNCKER (Frédérick),
LAPOSTOLET,
LEVÉ,
PELLETIER (Jules).

Paris, le 14 mai 1863.

CATALOGUE

DES OUVRAGES

REFUSÉS PAR LE JURY DE 1863

PEINTURE

ALBRESPY (André), élève de M. Léon Cogniet, 39, rue
Bonaparte chez M. Blanchet.

1. — Portrait de l'auteur.
2. — Vue des vieux fossés de Montauban.

ALLARD CAMBRAY (Célestin), élève de MM. Léon Cogniet et Robert-Fleury, né à Paris; rue du Fau-
bourg-du-Temple, 50.

3. — Dernier jour de Louis XI.

ALLOMBERT (Louis), 12, rue du Buisson Saint-Louis.

4. — Une plaque émail d'après un dessin de Pru-
d'hon.

ALSBERGH (Achille), né à Paris, 3, rue Drouot.

5. — Déposition de croix.

ANCOURT (Edward), rue du Cherche-Midi, 52, élève de Gleyre.

6. — La Châtelaine.

ANDRIEUX (Auguste), 16, rue de Seine.

7. — Le général Bonaparte accompagné de son escorte le matin du combat. (Campagne d'Italie, 1796.)

AUDRY (Ferdinand), 21, rue Laval.

8. — Dessin : paysage.

AUDIAT (madame Félicie), 23, rue de la Victoire.

9. — Scène d'intérieur.

10. — La Fête de la grand'mère.

AUFRAY (Édouard-Alphonse), élève de MM. Tabar et Baudit, 10, rue des Dames (Batignolles-Paris).

11. — Choc de cavaliers.

12. — Lever de lune.

13. — Crépuscule.

AVON (Émile), élève de M. Gleyre, 64, rue de l'Ouest.

14. — Saint-Sébastien.

BACHEREAU-REVERCHON, élève de M. Gustave De-ville, 17, rue des Batignolles.

15. — Un combat singulier.

16. — Nature morte ; fruits.

BAILLY (Paul-Auguste), élève de M. Sieurac.

17. — Tête de femme ; étude.

BARIL (Gédéon), élève de M. Léon Cogniet, 24, rue des Martyrs.

18. — Une salle d'armes au xvᵉ siècle.

BATAILLE (Emile), rue de l'Abbaye, 7, à Montmartre-Paris.

19. — Matinée, paysage.

20. — Moutons au pâturage.

BAUGER (Antony), élève de M. Defaux, 129, faubourg Saint-Denis.

21. — Paysage.

BAURENS (Adolphe), 8, rue de Turin.

22. — Etude de tulipes, d'après nature.

BEAUVERIE (Joseph-Charles).

23. — Intérieur de ferme, paysage.

BEAUJEU (Paul de), 71, rue d'Amsterdam.

24. — Dans les Lagunes.

25. — Lapins et choux.

BELLENGER (Georges), élève de L. de Boisbaudran, 12, rue des Beaux-Arts.

26. — Coin d'atelier.

BELLOGUET (A.), 5, rue du Pont-de-Lodi.

27. — Bal public ; dessin.

Cette composition groupe une moitié de la société des bals publics : ce sont les actionnaires de la dépravation aux prises avec les bohémiennes de l'amour.
(Voir la lithographie).

BENARD (Auguste-Sébastien), élève de MM. Granger et Lafond, 63, rue de Dunkerque.

28. — Le bac de Cergy.

29. — Départ pour les champs.

BERGER (Philippe), 93, rue des Marais Saint-Martin.

30. — Portrait de Mademoiselle Sophie K.

31. — Fragment, d'après un tableau de Lesueur.

32. — Paysage, d'après Ruysdaël.

> NOTA. Les 29 et 30 sont tirés de la galerie impériale de Saint-Pétersbourg.

BERNE-BELLECOUR (Étienne), élève de MM. Picot et Barrias, 5, rue de la Douane.

33. — Les Plâtreries, près Fontainebleau.

BERNOT (Edmond), 79, boulevard de Strasbourg.

34. — Portrait de Mademoiselle L. de T.

BERTAUX, 19, rue Gabrielle.

35. — Buste platre, portrait de M. R.

BESNUS (Michel-Amédée), élève de MM. Vassort et Léon Cogniet, 68, rue du Bac.

36. — Plaine marécageuse des côtes d'Angleterre.

37. — Bestiaux au pâturage.

38. — Chevaux de halage.

BIROTHEAU (Ferdinand), élève de Drolling, chez Blanchet, 30, rue Bonaparte.

39. — Portrait de M. B. F.

40. — Portrait de Madame B. M.

Bisson (Pierre-Joseph-Edouard), né à Paris, élève de G. Decamps.

41. — Le récit du soldat.

42. — Portrait de l'auteur.

Bizot (Victor-Gustave), élève de MM. Hip. Flandrin et Barrias, né à Dijon, 55, faubourg Poissonnière.

43. — Annonciation.

Blu (Jules), 28, rue de Paradis-Poissonnière.

44. — Portrait de M. C. B.

Boquet (Louis-Charles), né à Château-Thierry, élève de M. Picot.

45. — Portrait de M. B.

Bort (Henri-Charles-Emmanuel), élève de Ch. Guigon, 54, rue de Lisbonne.

46. — Souvenir des montagnes du Faucigny.

Bouchet (Auguste), élève de Léon Cogniet, 18, boulevard Pigalle.

47. — Paysage; chemin creux, forêt de Montmorency.

48. — Portrait de Madame C.

Bouhgrave (Édouard), 12, rue de la Tour-d'Auvergne.

49. — Saint Louis de Sicile et saint Bernardin de Sienne, d'après Bonvicino.

Bourgeois (Hortense), née à la Ferté-Gaucher, élève de M. Léon Cogniet, 73, boulevard Beaumarchais.

50. — Portrait de S. M. l'Impératrice, d'après Winterhalter.

51. — Etude d'enfant, d'après Mademoiselle Eudes de Guimard.

BOURGEON (Narcisse), né à Bourges (Cher), élève de M. L. Cogniet, à Bourges, 23, rue Moyenne; à Paris, chez M. Ferrand, chimiste, 19, rue Montgalet.

52. — Paysage, un brouillard d'automne. (Berri.)

53. — Un ravin. (Auvergne.)

54. — Un paysage près de Vasselay. (Berri.)

BURDIN (Madame Amélie), 25, rue de Verneuil.

55. — Intérieur de fonderie d'objets d'art, pendant le coulage de la fonte.

56. — Portrait de Madame Bichel.

BRIVET (Vincent), élève de M. Yvon, 23, rue Oudinot.

57. — Etudes de chevaux; dix types.

CADOLLE (Alexandre-Joseph), élève de son père, 71, rue Saint-Étienne (Batignolles-Paris).

58. — Avenue à Saint-Vigor-le-Grand (Calvados).

59. — Vue prise à Saint-Vigor-le-Grand (Calvados).

60. — Intérieur de cour (Calvados).

CALS (Adolphe-Félix), élève de M. Léon Cogniet.

61. — Le ménage du sabotier.

CARTIER (Émile), 80, rue Rochechouart.

62. — Vaches dans un verger (vallée de la Touque).

63. — Moutons au pâturage (Sarthe).

Cazin (Jean-Charles), élève de M. L. de Boisbaudran, à Boulogne.

64. — Souvenir des dunes Wissant.

Cels (Eugène), né à Paris, élève de M. Durand Brager, 34, avenue de Neuilly.

65. — Vue de Fort de France.

66. — Vue de Sainte-Marthe. (Nouvelle-Grenade.)

67. — Une marine.

Charpentier (Alfred), né à Paris, élève de M. Lapito, 38, rue Richelieu.

68. — Le Gave, près de Luz (Hautes-Pyrénées).

69. — Les moulins de Sassenage (Isère).

Chauvel (Théophile), élève de Picot, Bellel et Aligny, 10, place de l'Arc-de-Triomphe.

70. — Dans la gorge aux Loups (Fontainebleau).

71. — Passage du gué (environ d'Avranches).

Chassevent (Gustave-Adolphe), né à Paris, 111, rue du Bac.

72. — Paysage.

Chaussat (Emma), élève de MM. Chapsal et Couture, 28, rue Chevert.

73. — Salon de Beaujon.

74. — Atelier de M. Gudin.

Chintreuil (Antoine), 47, rue de Seine.

75. — Les Champs aux premières clartés; paysage.

76. — Champs de sainfoin; paysage.

77. — Novembre; paysage.

1.

CLAPARÈDE (Paul), à Montpellier, 1, rue Saint-Roch.

78. — Art et indépendance (grisaille).

CLAVEL (Georges), né à Paris, 7, rue Bonaparte.

79. — Moulin et barrage à Cuguand, sur la Sèvre-Nantaise, près Clisson (Loire-Inférieure).

80. — Le vieux pont, embouchure de la Moyrre, à Clisson (Loire-Inférieure).

CLÉMANS (Léon), élève de M. Cicéri père, 47, rue Grange-aux-Belles.

81. — Anciennes plâtrières aux buttes Saint-Chaumont.

CLÉRY (Édouard), élève de M. de Rudder, 4, boulevard des Invalides.

82. — L'Écho des bois.

83. — Portrait de mademoiselle E. L.

COSSMANN (Maurice), 17, rue Duperré.

84. — La Rentrée.

85. — La Prière.

COSTA (G.), chez M. Deforge; 8, boulevard Montmartre.

86. — Oliviers à l'Ariccia ; effet du soir.

COTTINET (René), né à Paris; chez M. Poyard, 158, rue Faubourg-Saint-Martin.

87. — Saül ; porcelaine.

COURTOIS (E.), 138, Faubourg-Poissonnière.

88. — Derniers moments du général Hoche.

89. — La Fin de la journée; épisode (1792).

COUSIN (Charles), chez M. Ancourt, 52, rue du Cherche-Midi, élève de MM. Léon Cogniet et Jollivet.

90. — La Chute d'eau.

COUTY, 35, rue Capron, Batignolles.
91. — La Consigne; chien d'après nature.

CRAPELET (Louis-Amable), élève de MM. Corot Séchan et Durand-Brager, 70, rue de l'Olivier.
92. — Un soir sur le Nil (Haute-Égypte).

CRESPELLE (Louis), 43, rue Fontaine-Saint-Georges.
93. — Le Christ en croix.

Aux pieds de sa croix, il avait sa mère; un seul de ses disciples, Jean le bien aimé; Marie, femme de Cléophile, et Madeleine.
(*Histoire du Peuple de Dieu*, par le P. Isaac Berruyer).

CURTET (Joseph), 2 bis, rue Montholon.
94. — Groupe de fruit et d'enfant.
95. — Couronne de fleur.
96. — Bouquet dans un vase.

CURTY (Édouard), élève de Abel de Pujol, chez M. Blanchet, 39, rue Bonaparte.
97. — Le Jugement dernier.

CYBOULLE (Aman), élève de Paul Delaroche, 49, rue de Sèvres.
98. — Vendanges, scène Louis XV.

DANGUY (Célestin), élève de M. Aimé Millet et Léon Cogniet, 7, rue Sainte-Engénie, 14° arrondissement.

99. — Terrassiers.

100. — Mercure Psychopompe.

DARJOU (Victor), 18, rue Poissonnière.

101. — Marguerite, souvenir du gymnase ; Les Ganaches.

102. — Portrait de M. Dambry, inventeur de la capsule dite tire-feu adoptée par l'artillerie en 1847, commandé pour le musée de Soissons.

DARRU (mademoiselle Louise), élève de M. Piette et Armand Doré, 1, rue de Laval,

103. — Fleurs des champs.

104. — Nature morte.

105. — Nature morte, citron.

DAUSSE (Élise), élève de M. Gosse, 4, rue du Puits des Blancs-Manteaux.

106. — Portrait de madame B.

107. — Id. de l'abbé D.

108. — Id. de M. D.

DELABORDE (Élie), 1, rue des Saints-Pères.

109. — Un paysage; vue de la Brossardière.

DELALLEAU.

110. — Entrée de Therouanne.

DELAUNAY dit DUVAL (Jules), 17, rue de Crussol.
111. — Lisière de Bois.

DELTON (Charles), élève de M. Noterman et Barrias, 70, rue d'Anjou Saint-Honoré.
112. — Chevaux au paturage, effet d'Automne.

DENTIGNY (Madame née Henriette Nolet), 4, rue Doudeauville, 18e arrondissement.
113. — Le Christ en prière au jardin des oliviers.
114. — Agar chassée par Abraham.

DEROY (Isidore Laurent), 13, rue d'Anjou-Dauphine.
115. — Vue de Caudebec.
116. — Vue de Folembray.
117. — Un cadre contenant 4 vues des embellissements du Bois de Vincennes.

DESBROSSES (Jean), 47, rue de Seine.
118. — Les Embrasseux.
119. — Le Berger, effet de soir.

DESBROSSES (Léopold), élève de Paul Delaroche et de M. Corot, 2, rue d'Amboise, Montrouge.
120. — Paysage, soir d'automne.

DESSIENNE (Charles, élève de M. Martinet (Alphonse), 15, rue de l'Échaudé.
121. — Intérieur.

DÉSIRÉ (Philippe), 19, quai Saint-Michel.
122. — Portrait de M. Charles Vincent, homme de lettres.

123. — Portrait de madame V....
124. — Portrait de M. L. D.

DESTIGNY (mademoiselle Lucie), née à Paris, élève
de MM. Lazerges et Yvon, 37, rue de Fleurus.

125. — Portrait de mademoiselle Marie D., étude.

DIETSH, 34, rue Fontaine.

126. — Portrait en pied de M. C.; non terminé.

DONNER (Athon), 9, rue Duperré.

127. — Une famille de Tritons.

DONEAUD (Jean-Eugène), élève de H. Flandrin,
Auteuil (villa Montmorency).

128. — Leçon de dessin.
129. — Jézabel morte (IV Rois, chap. IX).
130. — Suite de jeu.

DOYEN (G.) né à Pestieux (Aisne), 9, rue Notre-Dame
de Bonne-Nouvelle.

131. — Le Berger et la mer, fable de la Fontaine.

DUQUENNE (A.), 54, rue Letellier.

132. — Un dessin, Job et ses amis (traduction de
Renan).

DORÉ (Armand), élève de M. Desmoulins, 49, rue
d'Hauteville.

133. — Rêverie maternelle.
134. — Au printemps.
135. — Une nouvelle connaissance.

DUBOIS (Louis-Jean-Baptiste), à Beez Lez-Namur, Belgique.

136. — La Maternité.

137. — Le Crépuscule.

DUBOIS (Hippolyte), élève de M. Gleyre, 2, rue Bour-bon-le-Château.

138. — Titania (Sheakespeare; songe d'une nuit d'été).

139. — Chant d'église.

DUMAX (Ernest-Joachim), élève de M. Mauvoisin et Corot, à Marcoussis (Seine-et-Oise).

140. — Marabouts de Mammoud-el-Kébir et ses deux fils, près Blidah.

141. — Rue de la Giraffe à Alger.

142. — Vue prise près de la Casebha (Alger).

DUPUIS (P. Félix), élève de M. Léon Cogniet, 17, quai d'Anjou, île Saint-Louis.

143. — Portrait de mademoiselle J. C.

144. — Portrait de madame D. de M.

145. — Portrait de M. Maugin; avoué près le tribunal de la Seine.

DUPRAY (Henry), élève de M. Léon Cogniet.

146. — Funérailles du général Marceau, l'armée autrichienne lui rend les honneurs militaires de concert avec les Français.

Durand (André), cité Odiot, 1, rue de l'Oratoire du Roule ; même cadre.

147. — Dessin à la plume et lavis, souvenir de l'Aître Saint-Maclou à Rouen.

Dessin à la plume. Ruines dans la campagne de Rome.

Durand (Charles), élève de M. Yvon, 6, nouveau boulevard Monceau.

148. — Érigone.

Dutilleux (Constant), né à Douai (Nord), élève de Hersent, 81, boulevard Montparnasse.

149. — Adam et Ève retrouvant le corps d'Abel.

150. — Paysage, effet du soir.

151. — Étude en forêt.

Eeckout (Victor), 10, avenue Trudaine.

152. — Coquetterie.

153. — La lettre de rupture. Appartient à M. Litolff.

Elmerich (Charles-Edouard), quai de la Tournelle.

154. — Dessin.

Fanchon (Alphonse), 108, rue du Bac.

155. — Portrait de mademoiselle R.

156. — Nature morte.

157. — Paysage.

Fantin-Latour (Henri), né à Grenoble, élève de son père et de M. L. de Bois Baudran, 79, rue Saint-Lazare.

158. — Féerie.

159. — Portrait.

FAURON (Emile-César), né à Lormes (Nièvre), élève de Paul Delaroche, 66, rue Pigalle.

160. — La Savonneuse.

161. — Bœufs et vaches au pâturage de la ferme (Morvan).

FAVERGEON (Jean-Marie), né à Saint-Etienne (Loire), élève de M. Flandrin.

162. — Intérieur.

163. — Violette (tête).

Je craignais toujours qu'il lui poussât des ailes et qu'elle ne s'envolât.

(Extrait du *Vieux Musicien*, de Mazon).

FAVRE (Mademoiselle Jeanne), née à Challex (Ain), 123, avenue des Champs-Elysées, Paris.

164. — Portrait de madame Marie Garcia.

165. — Portrait de madame Doche (Vaudeville).

166. — Portrait de madame Judith (Comédie-Française).

FAYOLLE (Mademoiselle Amélie-Léonie), élève de M. Léon Cogniet, 29, rue de Dunkerque.

167. — Souci et inquiétude.

De la bonté céleste un rayon éternel
Semble se réfléchir dans le cœur maternel.

(MILLEVOYE.)

FESSER (madame), élève de M. Jongkind, 23, rue Servandoni.

168. — Village du Chantay (près Nevers).

Ficatie, 7, rue du Mont-Thabord.

169. — Portrait d'Horace Vernet.

170. — Portrait du comte R.

171. — Chien.

Filleul (Mademoiselle Clara), élève de M. Monvoisin, 47, grand'rue de la Chapelle.

172. — Fruits, nature morte; pastel.

173. — Un panier de fruits; pastel.

Fougère (Mademoiselle Amanda), née à Coutances (Manche), élève de Steuben et Monvoisoin; médaille de troisième classe, 47, rue de Vaugirard, Paris.

174. — Sainte Julitte, martyre.

Après les édits de l'empereur Dioclétien contre le christianisme, Julitte fut arrêtée pour sa foi à Tarsi en Cilicie, où elle s'était enfuie avec son jeune enfant et deux de ses femmes.

Conduite devant le tribunal du gouverneur Alexandre, la sainte proclame hautement qu'elle est chrétienne. Le juge ne connaissant plus alors de limite à sa cruauté, ordonne au bourreau d'arracher l'enfant des bras de sa mère; puis il la condamne au martyre...(*Vie des saints*).

175. — Saint Jean-Baptiste offrant une colombe à l'enfant Jésus.

176. — Sainte Elisabeth de Hongrie visitant les pauvres.

FOURNIER (Alexandre), élève de M. Cogniet, né à Gaunat (Allier).

177. — Une Baigneuse, paysage.

178. — Dessin.

Eudore et Mérovée, traversant les forêts de la Germanie, trouvent des traces de ces migrations de peuples sans noms, que le midi appelle du septentrion et de l'aurore.

(Tiré des *Martyrs*, de Chateaubriand.)

FUSINO (Henri Johnson), né à Paris, élève de M. Gleyre, 23, rue de Laval.

179. — Faust à l'étude.

Méphistophélès attend le moment où Faust va faire son évocation.

180. — La Vision de Faust.

Méphistophélès montre à Faust Marguerite au sortir de l'église.

GALLARD LÉPINAY (Paul-Charles-Emmanuel), 16, boulevard de Neuilly, Batignolles-Paris.

181. — Une tempête.

182. — Départ de pêche; souvenir de Trouville.

183. — La Méditerranée; soleil levant.

GARIOT (Paul-César), méd. de 3e classe. 1843. 6, rue Oudinot et 68, rue de Babylone,

184. — Portrait de M. D. O'Higgins.

185. — Portrait de M. J. T. Vilar.

Figures décoratives exécutées en 1861 dans le salon de S. M. l'impératrice au palais de l'Élysée Napoléon :

1° Le Printemps;
2° L'Automne;
3° L'Été;
4° L'Hiver.

GAULTRON (H.), 33, rue Bleue.
186. — Une terrasse à Tunis.
187. — Un philosophe de Basse-cour.
188. — Table de cuisine.

GAUDEFROY (Alphonse), élève de son père et Léon
  Cogniet, 36, rue Javel, Grenelle.
189. — Jeune fille juive.
190. — Intérieur d'académie suisse.
191. — Portrait de mademoiselle A.

GAUTIER (Amand), rue d'Isly, 8.
192. — La Femme adultère.
193. — La Jetée d'Honfleur (Calvados).

GEYMULLER (Gustave-Adolphe), élève de feu Grolig.
  11, rue du Vieux-Versailles, à Versailles.
194. — Le Lac d'Albano d'après une lithographie de
        Calame, paysage à l'huile.
195. — Étude de forêt.

GILBERT (Charles-Camille), élève de MM. Gleyre et
  Giraud, 77, rue Blomet, Vaugirard-Paris.
196. — Portrait de M ***.

GIRAUD (Lazare), élève de M. Clérian, 148, rue de
  Paris, Belleville.
197. — Fleurs et poissons.

198. — Roses, fraises et cochons d'inde.

GILBERT (Achille), rue des Grands-Degrés, 4.
199. — Portrait de M. B. (Voir à la lithographie.)

GRAHAM (Robert), rue Duperré, 4, Paris.
200. — Œufs et fromage, nature morte.
201. — Pieds de porc, nature morte.

GRANIER DE BEAUREGARD, 42, Faubourg-Montmartre.
202. — Souvenir de Marie-Antoinette, d'après Muller.

GRATIA (Charles-Louis), élève de Decaisne, médaille
de 3e classe (pastel) 1844, et rappel de 3e médaille
en 1861; à Londres, Fitzroy, square 35, et à Paris,
chez M. Stheneil, 85, rue du Cherche-Midi.
203. — Deux sœurs; pastel.

GRIVOLAS (Pierre), élève de M. Charles Comte, 38 bis,
rue Fontaine Saint-Georges.
204. — Les adieux, Provence.
205. — Bords du Rhône.

HAMLET GRIFFITHS (Edmond-Charles), élève de
M. Vernon Hamlet Griffiths, son père, et de M. Auguste Vyard, à Creuil, route de Nogent-les-Vierges,
et à Paris, à l'Institut polytechnique, rue Olivier
Saint-Georges, 12.
206. — Un matin sur les bords de l'Oise, à Verneuil.

GOUILLET (Jules), 21, rue de Lille.
207. — Fruits.

GUYON (Nicolas-Désiré), né à Nancy (Meurthe).

208. — Entrée d'une forêt, soleil couchant. Dessin à la plume d'après un tableau de Swagers.

HADOF (Paul), élève de Gustave Morin, 145, rue du Faubourg-Poisonnière.

209. — Douze sujets tirés des illustrations des légendes du christianisme, par Collin de Plancy, aquarelle.

210. — Une étude d'enfant d'après nature; peinture à l'huile.

HAES (Oscar de), élève de M. Keyzer, à Lille, 19, rue de la Barre.

211. — Les agrandissements de Lille, 1058-1858.

Baudoin V, dit de Lille, fondateur; Jeanne de Constantinople, Guy de Dampierre, Philippe le Bon, Charlemagne, Albert et Isabelle, Louis XIV et Napoléon III; projet de tableau grisaille.

212. — L'Étudiant polonais (1863).

HARPIGNIES (Henri), élève de M. Achard, 83, rue du Bac.

213. — Ravin. Souvenir de la campagne de Rome.

214. — Les Canards sauvages ; paysage.

HANNEQUIN (Léonide); élève de Rosa Bonheur et de madame Toupillier, né à Briare.

215. — Fruits; aquarelle.

216. — Fleurs; porcelaine.

HAQUEL, 71, rue Saint-Jacques.

217. — Portrait de madame H.

HÉBERT (Georges), 125, avenue des Champs-Élysées.

218. — La Femme adultère.

219. — Un Kawonadji ; soleil couchant.

220. — Premières pensées d'amour.

HENRY (François), élève de M. Éspercieux, 61, rue Martinval, à Levallois près Paris.

221. — Portrait de madame H.

222. — Portrait de madame P. P.

223. — Porte d'entrée du musée d'Orléans.

HENRY (Degray), élève de M. Léon Cogniet, 14, rue de Chabrol.

224. — Ronde d'amours ; idylle.

> La belle que voilà, la lairons-nous danser !
> Mais les lauriers du bois, les lairons-nous faner ?
>   Entrez dans la danse,
>   Voyez comme on danse,
>   Sautez, dansez,
>   Embrassez qui vous voulez.

. . . .

HERBET (Adrien-Auguste), élève de Eugène Trouvé, 52, rue de Chabrol.

225. — Environ de Pontoise.

226. — Route de l'étang de la Chelouse près Lignières (Oise).

227. — Vallée d'Auvers (Oise).

HUBER (Édouard), 57, rue Doudauville Chapelle Saint-Denis.

228. — Environ de Paris (à Asnières).

229. — Environ de Paris (à Saint-Ouen).

230. — Le marché aux vaches, à Lignères-Châtelain, (Picardie).

HUDEI (Louis), 45, rue de Paris (Belleville).

231. — Un mendiant suspect.

232. — Vénus, médaille pour architecture ; porcelaine.

233. — Amour tirant de l'arc ; porcelaine.

JACOTTET (Jean), 55, rue de Seine.

234. — Prairies de Couture, près Bonneval (Eure-et-Loir).

235. — Gué de Croteau, près Bonneval (Eure-et-Loir).

236. — Échos de Gavarni (Hautes-Pyrénées).

JACOTTET (Louis), élève de Jacottet son père et de Gleyre, 55, rue de Seine.

237. — Planche de Saint-Maur, sur le Loir.

JACQUESSON DE LA CHEVREUSE, 3 *bis*, rue des Beaux-Arts.

238. — Portrait.

JACQUEMIN (Raphaël), 21, rue de l'Odéon.

239. — Le roi Victor-Emmanuel en costume de zouave.

JEANDON (Jean-Jacques), 4, impasse Boursault, Batignolles.

240. — Portrait de mademoiselle G. P.

JEANNENEY, élève de Lancrenon et Gleyre, chez M. Binant, 8, rue de Cléry.

241. — Le chemin de Paris (aller).

242. — Le chemin de Paris (retour).

JOHANNEAU (Jeanne-Louise-Adélaïde), élève de MM. Barye et Lesourd de Beauregard, 77, rue de Rivoli.

243. — Triboulet, fou du roi François Ier, d'après la statuette de M. Barye fils.

244. — La récolte des fleurs, étude.

JONGKIND (Jean-Baptiste), élève de M. Isabey, né en Hollande, 9, rue de Chevreuse. Médaille de troisième classe à Paris en 1852, et seconde médaille à Dijon.

245. — Effet d'hiver. Paysage hollandais avec patineurs.

246. — Canal hollandais. Soleil couchant. A M. Haduique.

247. — Ruines de Rozemond. Nivernais. A M. Martin.

JOULIN (Lucien), né à Paris, 196, rue de Rivoli.

248. — Vue prise dans le mont Ussy (forêt de Fontainebleau).

JOUVE (Louis), au Puy (Haute-Loire), 13, rue Ra-

phaël, et à Paris chez M. Blanc, 10, rue Haute-feuille.

249. — Portrait de madame J.

250. — Portrait d'homme.

JULIAN (Rodolphe), 50, rue de Lamartine.

251. — Le Lever.

252. — Portrait de M. J.

253. — Portrait.

JUNKER (Fréderik), né à Paris-Batignolles, élève de Léon Cogniet, 81, rue d'Orléans.

254. — Souvenir fraternel; pastel.

255. — Groupe de fleurs; pastel.

256. — Le dernier mot du réalisme; pastel.

KEULER (madame veuve Victoire-Adèle), née à Paris, élève de madame Goyet, 136, rue de Vaugirard.

257. — Vase de fleurs; pastel.

258. — Vase de fleurs; pastel.

259. — Fruits; pastel.

KOCK (Louis de), né à Versailles, élève de Lepoittevin et Troyon, à Saumur (Maine-et-Loire), et à Paris, 12, rue Saint-Louis en l'Ile.

260. — Vue des bords de la Loire (soleil couchant).

261. — Une forêt.

LAASS D'AGUEN (Charles), 7, rue Saint-Charles. Vaugirard.

262. — Roses et marguerites.

263. — Seringat.
264. — Portrait de M. C. L.

LAPRET (Paul).
265. — Portrait de M. J. G.
LAS-JUINIAS (Mademoiselle Adine), élève de M. Léon
Cogniet, 16, rue de la Ville l'Évêque.
266. — Portrait de madame V. R.

LACOSTE (Jules-Louis), élève de M. Léon Cogniet,
98, boulevard Sébastopol (rive droite).
267. — Une matinée de pêche.
268. — Vue des bords du Loing.

LACRETELLE (J. Édouard), chez M. Détrimont, 33,
rue Lafitte.
269. — La Foi, l'Espérance et la Charité.
270. — Vision de Jeanne d'Arc.

LADVIGNIÈRE (Madame Éléonore de), 31, rue du Bac.
271. — Jeune fille arrosant une plante exotique.
272. — Gaston de Foix ; tête d'étude.
273. — Tête de jeune homme ; étude. Costume véni-
tien du XVIe siècle.

LAMBERT (Eugène), né à Dijon (Côte-d'Or), 20, rue du
Faubourg-Poissonnière.
274. — Chemin à Auvers (Seine-et-Oise).
275. — Vue prise en aval de l'île de Veaux, effet du
matin.
276. — Vieux saules, près la côte d'Auvers.

LAMBERT (Alphonse), élève de Corot et Daubigny, 10, rue des Couronnes, à la Chapelle.

277. — Les bords de l'Oise.

278. — L'île de Vaux.

279. — Une source.

LAMBERT (Nollé), 46, rue de l'Arbre-Sec.

280. — Paysage; effet du matin.

281. — Paysage; vue prise à Ouvin.

LAMY (Auguste), 35, rue des Jeuneurs.

282. — Un caravansérail; route de Damiette.

283. — Les îles du roi; ancien parc de Neuilly.

284. — Ile des Ravageurs; étude.

LAMIRAL (Mademoiselle Marie), élève de M. Gobert, 4, rue de Las Cases.

285. — Roses et pâquerettes.

LANSYER (Emmanuel), né à Bouin (Vendée), élève de M. Harpignies, 81, boulevard Montparnasse.

286. — Un poste au bord de la mer; paysage; effet du matin.

LAUGIER (Auguste), 27, quai des Grands-Augustins.

287. — Une Oiselière.

288. — Une Fileuse de chanvre.

LAURENS (Jean-Paul), 10, cour du Dragon.

289. — L'an mil.

« Après un règne de mille ans du Christ, il y aura un « règne de ténèbres et Satan sera délié. »

(Apocalypse, chap. xx.)

L'an mil sonnait une heure maudite au cadran cente-
naire, les sept trompettes de la fin du monde retentis-
saient. La misère, la famine, la peste, les guerres civiles,
les crimes et les folies noires, tous les fléaux fondaient
sur la terre. *Miserere, miserere!* répétaient les catacombes.

290. — Portrait de mademoiselle V.

LAPOSTOLET (Charles), né à Velars (Côte-d'Or), 66,
rue Pigalle.

291. — Écluse de Plombières, près Dijon.

292. — Paysage.

LAURENT (Félix), élève de MM. P. Delaroche et
Gleyre, 12, rue Newton.

293. — Portrait de madame P.

LAURENS (Jean-Bonaventure), 15, rue Bonaparte.

294. — Portrait; étude.

295. — La plage de Cette.

296. — Effet d'orage.

LEMARCHAND (Madame A.), 28, rue d'Assas, élève de
M. Yvon.

297. — Un panneau décoratif; fleurs. (Appartient à
M. D.

298. — Panneau décoratif; fleurs, fruits, gibier.

299. — Panneau décoratif; fleurs, fruits, gibier.

LE CHENETIER (Victor), demeurant à l'Isle-Adam
(Seine-et-Oise), élève de Gros et d'Augustin.

300. — Portrait de M***; miniature.

301. — La Vierge et l'enfant; miniature.

302. — Portrait en pied, petite fille; miniature.
Sur une même planche.

LE CHENETIER (René), demeurant à l'Isle-Adam (Seine-et-Oise), élève de MM. Picot et Masson.

303. — Le Christ succombant sous le poids de la croix. (Vendu.)

LEBRUN (Charles), passage Stanislas, 11.

304. — Portrait de femme.

LEGROS (Alphonse), né à Dijon (Côte-d'Or), chez M. Cadart, 66, rue Richelieu.

305. — Portrait de E. M.

LEMARIÉE (Paul), né à Paris, chez M. Hardy, 1, rue Childebert, et 4, rue de Tournon.

306. — Vieilles tanneries à Montargis; paysage.

307. — Portrait de M. Thierry B***.

LINTELO (Constant), né à Lokeren (Belgique), 38, rue de la Tour-d'Auvergne.

308. — Portrait de M. G. D.

309. — Les bijoux.

LE CYGNE (Émile), élève d'Ary Scheffer, 58, rue de l'Arcade.

310. — Super flumina Babylonis. (Psaume CXXXVI.)

LEFÈBVRE (Mademoiselle Aglaé), 19, quai Bourbon.

311. — Lisière de la forêt de Compiègne; pastel.

LEGOST, 8, rue des Trois-Pavillons.

312. — L'Amour captif; porcelaine.

LEGENDECKER (Joseph), élève de MM. Heim et Paul Delaroche, médaille de troisième classe, 1844; 72. rue du Cherche-Midi.

313. — Repos en Égypte.

314. — Portrait de madame F. B.

315. — Portrait de M. l'abbé J.

LEGRAND (Alexandre), élève de M. Léon Cogniet.

316. — Mater dolorosa.

317. — Le cachot.

MÉPHISTOPHÉLÈS, *se montrant au dehors.* Sortez, ou vous êtes perdus. Que de paroles inutiles, que de retards et d'incertitudes! Mes cheveux s'agitent et le jour commence à poindre.

MARGUERITE. Qui s'élève ainsi de la terre? lui! lui! Chasse-le vite, que vient-il faire dans le saint lieu ? C'est moi qui le veut.

FAUST. Il faut que tu vives !

MARGUERITE. Justice de Dieu, je me suis livrée à toi.

MÉPHISTOPHÉLÈS *à Faust.* Viens! viens! ou je t'abandonne avec elle sous le couteau !

318. — Portrait de M. T.

LEGRAND, 56, rue Paradis-Poissonnière.

319. — Bords de la Seine, près Bougival.

320. — Vue prise aux environs de Rueil.

321. — Fantaisie.

LEHNERT (Pierre-Frédéric), 4, rue des Filles-du-Calvaire.

322. — Têtes de chevreuils.

LELARGE (Léonce), élève de M. Léon Cogniet, 98, rue d'Hauteville.

323. — Hamlet.

324. — Ophélia.

LEROUX (Célestin), élève de M. Corot, chez M. Blanchet, 39, rue Bonaparte.

325. — Site de la Haiye.

326. — Site de Landebaudière.

327. — Site de Landebaudière.

LÈRE (Jules-Bertrand), élève de M. E. Villain, 72, rue de Vaugirard. (Vaugirard-Paris.)

328. — Nature morte.

LÉVIS (Jean-B.).

329. — Sortie du marché aux chevaux.

330. — Escalier.

331. — Apollon (cheval).

LOBJOY (Édouard), élève de MM. Yvon et Corot.

332. — Vue de l'église San-Tommaso, à Gênes.

333. — École des trompettes sous les murs du palais Doria, à Gênes.

LOHNER (Mademoiselle), 8, rue Vintimille.

334. — La Madeleine.

LOIRE (Léon), 110, Grande-Rue, à Vaugirard.

335. — Le dimanche des Rameaux.

336. — Une mère.

LOIZEAU (Émile), chez M. Pernot, 7, rue Corneille.

337. — Hercule filant aux pieds d'Omphale.

338. — Intérieur mauresque.

LOMBARD (Louis), né à Paris, élève de M. Gleyre, 22, rue Labat. (Paris-Montmartre.)

339. — Macbeth rencontrant les sorcières.

LONGUEVILLE (Marcel), 41, rue de Seine.

340. — Joinville à Nogent.

341. — Saulée à Joinville.

LORAUX (Louis), élève d'Édouard Delvaux, 8, rue Labruyère.

342. — Vue prise à Chevroied, près Spa. (Belgique).

343. — Vallée de Vinamplanche, près Spa. (Belgique.)

LOUTREL (Victor), 35, rue de l'Abbaye. (Montmartre-Paris.)

344. — Benvenuto Cellini dans son atelier.

345. — Un Hallebardier.

346. — Jeune femme avec une perruche.

LOUSTAU (Madame Maria), 80, rue des Marais Saint-Martin.

347. — Ceps de vigne.

348. — Cueillette du printemps.

L. LOUSTAU, 160, faubourg Saint-Martin.

349. — Jugement de Pâris.

350. — Mendiant.

Lovie (Victor), de Francfort-sur-le-Mein, élève d'Édouard Steinle, 23, rue de Laval.

351. — Tête de pêcheur d'Amalfi.

352. — Tête d'étude à la manière de la fin du xvie siècle; dessin.

353. — Portrait de madame la baronne de M...; dessin.

Luna (Victor de), 6, rue Berri, Champs-Élysées.

354. — Chasseurs d'Afrique.

355. — Pièces en batterie.

Malcor (madame), née Marie Deherain, née à Paris, élève de Decaisne et Ary Scheffer, 10, rue de Duras.

356. — L'"Enfant pieux, d'après Ary Scheffer.

357. — La Vierge et l'Enfant Jésus, d'après Raphaël.

358. — Portrait de mademoiselle C. D...

Mallet (J.), rue de l'Université, 54.

359. — Le 24 septembre 1852 à Viviers d'Ardèche.

360. — Les Pilotes-Meudaires du Rhône.

361. — Le Christ dans les blés.

Mamlet-Vernon (Jules), à Creil (Oise), route de Nogent les Vierges, élève de M. Amédée Faure et Laemlin.

362. — Un peintre étudiant une tête de mort.

Manet (Edouard), 69, rue de Clichy.

363. — Le Bain.

364. — Jeune homme en costume de Majo.

365. — Mademoiselle V. en costume d'Espada.

MANSON (F.), élève de M. de Rudder, quai de Béthune, 12.

366. — Portrait de M. E. M.

367. — Portrait de madame J. D.

MARIE (Aimé), cité Gaillard, 1.

368. — La Saltarelle.

369. — Le Déluge.

370. — Silène et son cortége.

MARIS (Emmanuel), rue Pigalle, 39.

371. — Nature morte.

MARQUISET (Gaston).

372. — Portrait de mademoiselle M.

MARTIN (Charles), élève de MM. Bouvet et François, rue des Beaux-Arts, 10.

373. — La Gare; environs d'Orléans (Loiret).

374. — Nature morte.

375. — Environs d'Orléans (Loiret.)

MARTONNE (Marie-Emma-Georgette de), rue Oudinot, 16.

376. — La Croix printannière.

377. — Tête de femme dans une couronne.

MATHONAT (Alexis), 21, rue de l'Église Grand-Montrouge, et 148, rue de Grenelle-Saint-Germain.

378. — Paradis perdu.

379. — Portrait de mademoiselle F. B.

MAUGEY (Claude), rue Neuve Breda, 19, élève de M. Léon Cogniet.

380. Le Christ abandonné.

> *Quia multum dilexit mundum.*
> (Evangile selon saint Jean.)

381. — Un coin d'atelier.

MAURIN (Antoine).

382. — Une vengeance ; étude.

383. — Confidence.

384. — Portrait de M. Farrick-Bey, secrétaire de l'Ambassade ottomane.

MAZIÈS (Jean-Pierre-Victor), né à Verseil (Haute-Garonne), rue Richer, 46.

385. — Martyre de saint Pierre; appartient à l'auteur.

386. — Portrait de M. Henri Maziès, avocat.

387. — Portrait de M. V..... M.....

MENTION (Louis-Théodore), élève de M. Corot, à Nantes, rue Royale, 6.

388. — Les Bords de la Seine pendant l'hiver.

MEA (mademoiselle Sabine), élève de Cogniet, rue Saint-Dominique Saint-Germain, 141.

389. — Les Dernières volontés d'une mère.

390. — Un contraste.

MIALLE (Frédéric), rue Sainte-Placide, 47, élève de M. Picot.

391. — Un sentier.

392. — Un paysage.

MICHEL (Jules), élève de Marcel Verdier, rue Turgot, 23.

393. — Une Bacchante.

394. — Portrait de madame M.

MICHELIN (Jules), élève de Roqueplan et Ramelet, 3, rue Saint-Vincent de Paul.

395. — Vallée d'Hyères.

396. — Paysage (château Froyé).

MICHEL (Henri-Léon), rue de Clichy, 74, élève de MM. Léon Cogniet et Monvoisin.

397. — Portrait de mademoiselle F.

398. — Un rêve d'opium.

399. — La Esméralda et sa mère.

> La recluse s'écria : Eh! Tristan! vieux loup cervier, si tu as des petits, quand ils hurlent, est-ce que tu n'as rien dans les entrailles que cela remue !........
>
> *(Notre-Dame de Paris.)*
> VICTOR HUGO.

E. MITAINE, rue de Crussol, 26.

400. — Une cheminée.

401. — Un trophée.

MOHLER (Gustave), élève de M. Léon Cogniet.

402. — Portrait de madame V.

MOLÉNAT (Auguste), né à Rodez (Aveyron), rue de la Pépinière, 3, et rue de Miroménil, 43.

403. — La Comparaison.

404. Portrait de madame A. C.

405. — Portrait de la petite fille de M. J. L.

MOLINA, rue de l'Université, 123.

406. — Une Vierge.

MONNET (Francisque), impasse d'Antin, 16, élève de Drolling.

407. — Une mêlée.

MORIN (Auguste), né à Paris, rue d'Enghien, 23.

408. — Les Rochers des nymphes; chaîne de Bouli-ligny à Fontainebleau; étude.

MOREEL-LAMY (Félix), élève de MM. Corot et Gustave Colin.

409. — Bords de la Marne (Champigny).

410. — Bords de la Marne.

411. — Chênes à la Gorge aux loups.

412. — Promenade près le canal.

MOULLION (A.), 52, rue de Madame.

413. — Bords de la Loire. Le Meunier, son fils et l'âne.

414. — Le Pêcheur.

415. — Effet de soir.

MOULLIN (Louis), chez M. Deforges, boulevard Montmartre, 8.

416. — Le Pont Napoléon, à Saint-Sauveur (Pyré-nées).

417. — Vue du pont de Sia (Pyrénées).

418. — Passage du Mincio, à Valeggio, dernière étape de l'empereur Napoléon, campagne d'Italie, juillet 1859.

MULATIN (Edmond), élève de MM. Devaulx et Ciappori, 8, rue du Faubourg-Montmartre.
419. — Vierge, étude pastel.

NASOSKY (Gustave), rue de l'Abbaye, 50.
420. — Fleurs et portrait.
421. — Fleurs sur un rocher.
422. — Fleurs dans un vase.

NAVLET (Joseph), 23, route de Choisy-le-Roi.
423. — Fête romaine sous Pompée.

NIEMHÉ (Charles), né à Varsovie (Pologne), à Paris, rue de Vanves, 23.
424. — Le chien du blessé sur le champ de bataille.
425. — Abd-el-Kader remettant son épée à la France et faisant sa soumission.

NOEL (Hippolyte), grande rue de Vaugirard, 174.
426. — La brodeuse.
427. — La lessive.
428. La sortie des oies.

OLIVIER (Décène-Honoré), né à Saint-Vallier (Alpes-Maritimes); élève de M. Gleyre, rue Notre-Dame-des-Champs, 72.
429. — Le baise-main arabe dans la province d'Oran.

ONFROY (Ernest-Hippolyte), élève de M. Cogniet, 11, rue de Sèvres.

430. — La sainte famille.

OSWALD (Marie).
431. — Portrait de mademoiselle A; M.

OTTIN (Léon-Auguste), élève de Delaroche, 289, rue Saint-Jacques.
432. — Portrait de M. L.
433. — Portrait de madame O.
434. — Une église de campagne; étude.

PABST (Camille-Alfred), élève de M. Charles Conte, 12, chemin des Cheneaux (Enghein-les-Bains).
435. — Brasserie alsacienne.

PAGEZ (Paul-Horace), rue Martel, 5 bis.
436. — Jeu de piquet.
437. — Pommes.
438. — Légumes.

PALIN (Victor-Émile), élève de M. Picot, 5, rue du Pont-de-Lodi.
439. — A quinze ans.

PANIS (Jules-Ernest), 46, rue de l'Arbre-Sec.
440. — Effet du matin, paysage.

PARADIS (Louis), élève de David et Gros, à Orsay (Seine-et-Oise).
441. — Repas de moissonneurs.

PARMENTIER (Émile), 56, rue Notre-Dame-des-Champs.

442. — La perruche, étude d'après nature.

PARROT (Philippe), 8, rue Vavin.

443. — Nymphe endormie.

444. — Écho.

445. — Portrait de M. A. H.

PELLEPORT (madame Ernestine de), rue Blanche, 67.

446. — Jeune fille portant des blés, étude.

447. — Ophélie, tiré de l'*Hamlet*, de Shakaspeare.

PELLETIER (Antoine-Jules), rue Oudinot, 23.

448. — Portraits de madame N. et de son fils.

449. — Pêches et raisins, pastel.

PERRET (François-Henri), 10, rue des Couronnes, à La Chapelle.

450. — La Gorge aux Loups (Fontainebleau).

451. — Les bords de l'Oise, effet du matin.

452. — L'orage.

PERRET (Henri), élève de Daubigny, 10, rue des Couronnes, à La Chapelle.

453. — Effet d'hiver.

PHALIPON (Adolphe), né à Paris, élève de M. Henry Scheffer, 142, rue du Bac.

454. — Portrait de madame B.

455. — Toilette de mariée.

456. — Vendée 1793.

PIERDON, 11, rond-point à Boulogne (Seine).

457. — Un petit coin du parc de Saint-Cloud, au printemps.

458. — En hiver au bois de Boulogne.

459. — Sur les bords du Sichan, en Bourbonnais.
(Voir à la gravure.)

PIERRAT (Constant-Nicolas), né à Munster (Haut-
Rhin), rue des Trois-Frères, 19 (Montmartre).

460. — Un sentier de forêt.

461. — Un ruisseau près Plombières.

PLANET (Marie-François-Xavier-Louis de), 5, rue
des Beaux-Arts.

462. — Homère.

(Ayant perdu la vue et réduit à l'indigence il se rendait
aux maisons des riches, accompagné de quelque enfant du
lieu qui lui servait de guide et qui portait une branche
d'olivier... Il chantait, à la porte, des vers... dont il tirait
quelque récompense, et qu'il terminait ordinairement ainsi :
Soit que vous me fassiez quelque présent, soit que vous me
refusiez, ne craignez rien, je ne suis pas venu dans le des-
sein de m'arrêter ici.)

Hérodote, *Vie d'Homère*, § XXXIII.

PLESTOW (Charles-John-Berners), élève de M. Corot,
rue des Martyrs, 57.

463. — Les bords de la Jurne, le soir, à Ehechy
(Seine-et-Oise); appartient à M. Antoine
Gandon.

PINKAS, chez M. Belleavoine, rue de l'Arbre-Sec, 3.

464. — Le bucheron et la mort.

PIPARD (Charles), né à Versailles, élève de M. Gigoux, 96, chaussée de Ménilmontant (Paris-Belleville).

465. — La mort de l'enfant.

466. — Gants, fleurs et bijoux, nature morte.

467. — Le repos, figure de femme; académie.

PISSARO, 23, rue Neuve-Bréda.

468. — Paysage.

469. — Étude.

470. — Village.

PORTE (Adèle de la), élève de Steuben, 4, rue Sainte-Marthe.

471. — Le printemps et les roses.

472. — Fruits.

PORTIER, chez M. Hardy, 1, rue Childebert.

473. — Vue de Bougie.

474. — Vue de Constantine.

PRADIER (Jean-Jacques-Pierre), élève de M. Gleyre, 52, rue Vanneau.

475. — Paysage; étude (Bretagne).

PREVOST (Julien), élève de Corot, rue de Rocroy, 23.

476. — Vue de la vallée de Bagnières de Luchon.

PROUST (Amédée), élève de M. Gilbert, 17, rue Véron (Montmartre).

477. — Paysage.

478. — Paysage.

Prosper (Henri de Lucienne), chez M. Picard, 14, rue du Bac.

479. — Un Arabe dans sa tente.

Pruche (Clément), élève de M. Ingres, boulevart Montparnasse, 132.

480. — Une mère retrouvant son enfant parmi les anges le jour de la Résurrection.

Raimond (madame Rosalie), 35, rue Capron (Batignolles).

481. — Fleurs et fruits.

482. —

Regnault (Thomas-Casimir), élève de Juine et Davi l' d'Angers, 2, rue de Louvois.

483. — Portrait; pastel.

484. — Le génie de l'art héraldique; dessin.

485. — Saint Jean-Baptiste; dessin.

Rembert (Ferdinand), né à Metz (Moselle), élève de madame Émeric Bouveret, 136, rue du Faubourg-Poisonnière.

486. — Faisan, étude; aquarelle.

Renouard (Eugène), 29, quai des Grands-Augustins.

487. — Chacun son tour.

488. — Esquisse, madame R.

489. — Étude, mademoiselle R.

Rigaud (mademoiselle Émilie), née à Paris, 15, quai Bourbon.

490. — Portrait de S. M. l'impératrice; d'après une

des dernières photographies de M. G. Spingler.

RODET (mademoiselle Anne-Charlotte-Claudine), née à Moret (Seine-et-Marne), élève de M. Henri Scheffer et mademoiselle Riché, 55, quai de la Tournelle.

•491. — Groupe de fruits.

RONDÉ, médaille de 3ᵉ classe en 1838, 31, rue du Champs-de-Mars.

492. — Intérieur du cloître du couvent de la Meriéd, à Mexico.

493. — Grand escalier du couvent de la Meriéd.

494. — Place du marché de Chihuaha (Mexique).

ROSLIN (madame, née Emma-Blanche), élève de M. Léon Cogniet, 3, rue de Montholon.

495. — Portrait de vieillard.

496. — Portrait de M. R.

497. — Les filles de Minée.

(Elles furent changées en chauves-souris pour avoir travaillé le jour des fêtes de Bacchus.)

ROUSSEAU (Henri), rue de Paris à Puteaux.

498. — Portrait de mademoiselle A. Collier.

RUFINA (Noggerath), 25, rue du Helder.

499. — Portrait de femme.

SABAND (Mademoiselle Caroline), élève de MM. Coblentz, Dupont et Hennequin, née à Paris, 333, rue Saint-Martin.

500. — Roses d'après Saint-Jean ; porcelaine.

SABAND (Mademoiselle Mina), élève de M. Dupont et de mademoiselle Caroline Saband, 333, rue Saint-Martin.

501. — Fourré de forêt, d'après Paul Huet; pastel.

502. — Fin d'hiver, d'après Français; pastel.

SABÂTIER (Apollonie), 10, rue de la Faisanderie.

503. — Miniature.

504. — Miniature.

505. — Miniature.

SAINT-FRANÇOIS (Léon), 20, boulevard Pigalle.

506. — Nuit d'automne.

507. — La Fièvre.

508. — Paysage.

SCHEINS (L.), à Dusseldorf; à Paris, chez M. A. W. Schulgen, 25, rue Saint-Sulpice.

509. — Paysage d'hiver.

SCHIERS (Mademoiselle Joséphine), élève de MM. Léon Cogniet et Paul Flandrin et de mademoiselle Marie Durant, pour la porcelaine, 37, rue de Dunkerque.

510. — Une miniature sur porcelaine, d'après le tableau de Philipp Van Dick, du musée du Louvre, représentant Agar chassée.

511. — La Sainte Famille, dite Vierge au lapin, miniature sur porcelaine, d'après le tableau du Titien, au Louvre.

SCHNEIDER (Charles-Adolphe), 26, rue de Madame.

512. — Herbage à Beuzeval (Calvados).

SAINT-MARCEL (Charles-Edme), élève de M. Eugène Delacroix, à Fontainebleau, 26, rue Saint-Merry.

513. — Chute de la rivière de Loing ; paysage, soleil couchant.

SAINT-MARCEL fils (Paul-Émile), élève de Decamps et Léon Cogniet, à Fontainebleau, 26, rue Saint-Merry.

514. — Chevaux de ferme à l'écurie.

515. — Paysage. Vue prise dans les prés de Grès (Seine-et-Marne) ; effet d'automne.

SANCE (Philippe), à Chambéry, élève de M. Léon Cogniet.

516. — Intérieur d'école.

517. — Paysage.

518. — Paysage.

SANCY (Hippolyte).

519. — Étude de taureau ; paysage, effet de soir.

520. — Lapin mort ; nature morte.

521. — Paysage et animaux ; effet de matin.

SALLÉ (Pierre), élève de MM. Bonnefond et Hippolyte Flandrin, 309, rue Saint-Jacques.

522. — Saint Jean dans le désert.

523. — Portrait de M. de R.

SARRAZIN (Jules).

524. — Une Vieille du Transtevère.

525. — Un Enfant, d'après Raphaël.

526. — Jérémie, d'après Michel-Ange.

SCHITZ (Jules), élève de M. Rémond ; médaillé troisième classe (Paysage; 1844), à Troyes, et à Paris chez M. Déforge, 8, boulevard Montmartre.

527. — Pâturage près Montsur (Mayenne).

528. — Bords de la Seine, à Sauvage, près Maveilly (Marne).

SCRIBE (Léon-Ovide), élève de M. Bois Chevalier, 47, boulevard Montparnasse.

529. — Sainte-Anne.

SELIM (Madame Honorine), élève de Scheffer, née à Rouen, 92, rue d'Amsterdam.

530. Portrait de madame B.

531. — Le Fil de la Vierge.

532. — Sainte-Thérèse, novice.

SERGENT (Charles), 55, rue de l'Arcade.

533. — Ruines du théâtre de Taormine (en Sicile).

534. — Portrait de l'auteur.

SERRES (G. DE), élève de de Rudder, 34, rue de Lafayette.

535. — Descente de croix.

536. — Routiers au bivouac.

537. — Crépuscule; paysage.

SERRET (Charles-Emmanuel), élève de MM. Flandrin et Charles Comte, 38 bis, rue Fontaine-Saint-Georges.

538. — Les Enfants dans la prairie.

539. — Les Petites filles et la balustrade.

540. — La Boudeuse.

SEVESTRE (Jules-Marie), né à Breteuil (Eure), élève
de Léon Cogniet, 18, rue de Chabrol.

541. — Toilette de Vénus.

542. — La Charité.

543. — Portrait.

SIMONIN (Charles-Hippolyte-Stéphen), élève de
M. Léon Cogniet, 117, Grande rue de la Chapelle.

544. — Portrait de l'auteur.

A. SIMONIN (Durand), élève de Léon Cogniet, 117,
Grande rue de la Chapelle (Paris).

545. — La lettre du petit fils ; intérieur.

SIVOLI (Sdc), de Florence, 48, boulevard Pigalle.

546. — Le rocher de la Vierge (environs de Sienne,
Italie).

547. — Vue prise d'après nature (environs de Florence).

SPIEKAERT (Paul), 24, rue de l'Hôpital (Bruxelles).

548. — Une Baigneuse.

SUTTER (David), 45, rue Saint-Lazare.

549. — Entrée des gorges d'Apremont.

550. — Terrains du Jean de Paris (forêt de Fontainebleau).

551. — Chemin allant au point de vue du camp (forêt
de Fontainebleau).

TABAR (François-Germain-Léopold), élève de M. Paul Delaroche, rue Capron, 35, Batignolles-Paris.

552. — Portrait en pied de M. L. W.

TELLER, élève de MM. Lequien père et de Teller, 95, rue du Faubourg Saint-Martin.

553. — Flagellation du Christ, d'après Lesueur.

TESSIER (Florent), 13, rue Neuve-Saint-Merri.

554. — Portrait de M. Alfred Stevens.

THIBAULT (Marie), élève de M. Coignard, rue Laval, 35.

555. — Un dessert.

THIBON (Jules-Maurice), 6, rue de la Gaîté, Plaisance.

556. — Intérieur de cour à Préfontaine (Loiret).

557. — Ruines du Château de Ventadour (Ardèche).

TICHIT (Xavier), élève de M. Léon Cogniet, 3, rue des Fossés-Saint-Jacques.

558. — Le duc de Suffolk reçoit dans sa prison la visite de la vieille Kate Nelly, nourrice de sa fille Jane Grey (tiré du roman de M. Brot).

559. — Sainte Perpétue et sainte Félicité, martyres.

560. — Portrait de M. F.

TOURNAYRE (Louis), né à Dunes (Tarn-et-Garonne), rue Racine, 20.

561. — Un paysage, fusain.

TREMBLAY (Louis), élève de Ary Scheffer, 19, rue
d'Angoulême Saint-Honoré.

562. — Sainte Eugénie.

(Fille du duc d'Alsace, Adelric III, revenant de porter des
secours à une pauvre famille, *aperçoit au pied d'un arbre un
petit enfant abandonné;* elle le prend aussitôt, l'enveloppe
dans son manteau et l'emporte au château de Honhenbourg
(résidence de sa famille, qu'elle avait transformée en une
espèce de monastère, après avoir fait de son père, homme
féroce, un saint homme); ce petit enfant, qui était une fille,
devient, par la suite, supérieure de ce monastère.)

(*Histoire du huitième siècle.*)

TROCARD, rue Byron, 25, faubourg Saint-Jacques.

563. — Portrait de madame ***.

564. — Portrait de M. G. de W.

565. — Portrait de M. T.

TROUILLON (mademoiselle Claudine), rue du Château-
Rouge, 20, Montmartre.

566. — Une allée dans la forêt de Compiègne.

VALERNES (Evariste de), 4, boulevard des Invalides.

567. — Le christ à la colonne, scène après la flagellation.

VALLOUY (Paul-Aimé), élève de M. Rivoulon, 1, rue
de Fleurus.

568. — Ranié de Travancore (Indes-Orientales).

569. — Promenade d'une noce indoue, de basse
caste.

VALMONT (Constance de), élève de M. Horace Vernet, 15, rue Servandoni.

570. — Portrait du Père Henri Thomas des frères Prêcheurs.

VAYSON (Paul), élève de Gleyre.

571. — Nature morte.

VERGÈSES (Hector), à Issoire (Puy-de-Dôme), et à Paris, chez M. Bardinel, 19, rue de Grenelle Saint-Honoré.

572. — *Intérieur; veille Issoirienne; costumes d'Auvergne.

573. — *Intérieur; deux enfants sous la cheminée s'amusant à en déranger le feu.

VIALLE (Jules), 28, rue Mazarine.

574. — Portrait de M. H. L.

575. — Bords de la Seine; effet de soir.

576. — Souvenir de la forêt de Fontainebleau.

VIARD (Denis-Auguste), à Verneuil (Oise), par Pont Saint-Maxence, élève de son père.

577. — Bords de l'Oise, à Verneuil.

578. — Vue prise à Rieux (Oise).

VIELCAZAL (Charles-Louis), 16, rue de Chabrol.

579. — Tête de cheval; étude.

580. — La dernière heure.

(Un cheval vicieux condamné pour cette raison à être abattu et ayant déjà les crins coupés, cherche à s'échapper des mains des équarisseurs après avoir rompu ses entraves.)

VILLAIN (Eugène), élève de M. Cogniet, 72, rue de
  Vaugirard, Vaugirard-Paris.

581. — La dormeuse.

VILLENEUVE (Jules), né à Saint-Omer (Pas-de-Calais),
  élève de Léon Coignet, 18, rue de Seine.

582. — Douces consolations.

X.

Quand leurs petites mains te pressent, quand leurs lèvres
toucheront les tiennes, pense à celui dont la prière te bé-
nira, pense à celui dont ton amour eût fait le bonheur.

XI.

Si leurs traits ressemblent à celui que tu ne dois peut-être
plus revoir, alors tu sentiras doucement troubler ton cœur,
et ses battements seront pour toi.

(LORD BYRON.)

583. — Pêcheur luttant contre l'orage.

VILLEROSE (Fernand de), élève de M. Sutter, 18,
  rue de Milan.

584. — Lisière de forêt, soleil couchant; aquarelle.

VINCELET (Victor-Louis), élève de M. Adant Jourdel,
  8, rue Circulaire-de-l'Etoile.

585. — Vase de fleurs.

586. — Niche de fleurs.

587. — Autre niche de fleurs.

VOÏART (Mademoiselle Elisabeth).
588. — Portrait de l'auteur.
589. — Sainte-Famille; aquarelle.

VOLLON (Antoine), 14, rue Durantin (Montmartre).
590. — Amazone.
591. — Portrait de M. S.
592. — Paysage (Charenton).

WACQUEZ (Adolphe-André), Barbison, par Melun (Seine-et-Marne).
593. — La forêt par la neige.
594. — Relai de chasse au bouquet de l'Empereur; forêt de Fontainebleau.
595. — Chêne pris dans la vieille partie du bas Bréau.

WHISLER (James), chez M. Hardy, 1, rue Childebert,
596. — Dame blanche.

XYDIAS (Nicolas), 22, rue Boissière, Passy.
597. — Célébrités grecques, composition grisaille.
598. — Costume d'Albano.
599. — Portrait de M. S.

ZINK (René), élève de M. Paul Delaroche, 14, rue Sainte-Élisabeth du Temple.
600. — CINCINNATUS.

(Dès que Cincinnatus eut été nommé consul, le sénat dépêcha vers lui pour l'inviter à venir prendre possession de la magistrature. Il était alors occupé à labourer son champ; il conduisait lui-même la charrue, n'étant vêtu que depuis les reins jusqu'aux genoux, avec un bonnet qui lui couvrait la tête. Lorqu'il vit venir les députés..., fort surpris..., il arrêta ses bœufs, un des envoyés s'avança...)

(Rollin, *Histoire romaine*.)

ZIPELIUS (Émile), né à Mulhouse (Haut-Rhin), élève de M. Léon Cogniet.

601. — Le Christ mort.

602. — Portrait.

603. — Portrait de madame G.; dessin.

ZYCHLINSKI (Léon de), élève de MM. Kietz, Flandrin, Couture ; 10, rue Berthe, Montmartre.

604. — Portrait de M. B., homme de lettres.

SCULPTURE

BAUJAULT (Jean-Baptiste), élève de M. Jouffroy, 6, Chemin de la Santé, 18ᵉ arrondissement.

605. — Portrait de M. A. Bonneau, buste en plâtre.

CINOT (A.), 25, rue Laval.

606. — Enlèvement de Psyché (sculpture), bas-relief.

CHARDON (Jean), né à Andard (Maine-et-Loire), élève de M. E. Simonis; mention honorable en 1855; premier prix de l'École des beaux-arts de Bruxelles, 1853; première médaille à l'exposition de Laval, 1857; 223, faubourg Saint-Honoré.

607. — Le Chercheur d'or, statue plâtre.

608. — La Liberté des hannetons, statue d'enfant.

CHARRIER (Pierre-Édouard), né à Niort (Deux-Sèvres); 21, boulevard d'Enfer; 12, impasse Sainte-Élisabeth.

609. — Poésie des champs, buste en plâtre.

610. — Collier de perles, buste en plâtre.

CROS (Henry), 306, rue Saint-Jacques.

611. — Portrait du jeune Émile Broussais; buste plâtre.

612. — Portrait de M. E. Renan ; médaillon plâtre.

613. — Portrait du jeune Thérence C...; buste plâtre.

BLONDEL (Hector), 48, rue de Rivoli.

614. — Buste d'enfant, plâtre.

BOULANGER (Charles), né à Paris; 10, rue Blanche.

615. — Lord Byron, buste terre cuite.

616. — Buste de femme, portrait étude.

DELABRIERRE (E.), 28, rue Saint-Sébastien.

617. — Panthère de Java, guettant des petits lapins, plâtre.

618. — L'Inquiétude, lion et cerf; terre cuite.

DION (Auguste), élève de M. Lequien.

619. — Étude de tourterelle, groupe en plâtre.

DURST (Marius), élève de Rude ; 38, rue Saint-Sébastien.

620. — Buste en plâtre de M. A. Defossé.

621. — Buste en plâtre de M. Frémy.

622. — Buste en bronze de M. L. Tardent.

FAUTSAS (Albert), élève de M. Ricard; 172, faubourg Saint-Denis.

623. — Portrait de M. Ricard, buste plâtre.

624. — Portrait de M. Horace Vernet, buste plâtre.

625. — Les maîtres sonneurs; groupe en plâtre, tiré du roman de Georges Sand.

FOURNIER (Pierre-Émile), 16, rue de Seine, élève de MM. Barye, Rouillard et Couture.

626. — Le Loup et l'Agneau.

627. — Renard dérobant un canard.

628. — Buzard combattant un grand duc.

FOURNIER, à Givon (Rhône).

629. — Monsieur J. R.; médaillon plâtre.

FRANZONI (François), né à Carrara (Italie), 17, rue de la Croix-du-Roule.

630. — Buste, marbre; portrait.

FRÉMY (Édouard), élève de M. André Quillet, 12, rue de Port-Royal.

631. — Étude de tête de squelette; bronze.

GEOFFROY (Adolphe-Louis-Victor), né à Paris, élève de Geoffroy-Dechaume, son père, 15, quai Bourbon. Mention honorable, 1861.

632. — Le Réveil, étude de daim.

HÉBERT (Théodore), élève de M. Chenillon, 86, rue du Cherche-Midi. Mention honorable, 1859.

633. — La Diane, carressant son chien; groupe plâtre.

634. — La Rêverie; statue plâtre.

635. — La nymphe Égérie, figure plâtre.

HEIZLER (Hippolyte), 56, rue de Ménilmontant.

636. — Les Coursiers de Cybèle; groupe plâtre.

IGUEL (Charles), élève de Rude, 36, rue de l'Ouest.

637. — La Vendange; plâtre.

638. — Le Chasseur gaulois; plâtre.

(Ces deux statues ont été commandées en pierre par le ministère d'État pour la décoration de la cour du manége, au Louvre.)

LEBOURG (Louis-Guillaume), né à Villebon (Seine-et-Oise), dessinateur, modeleur, repousseur, élève de M. Dessandre, 53, rue de Chaillot.

639. — Cadre de Louis XIV et portrait de M. J. B., d'après une photographie de Tournachon; argent repoussé.

LE CLERC (Alexandre-Joseph-Hippolyte), 9, rue de Chateaubriand. élève de David d'Angers et Tamin.

640. — Buste; marbre.

LEVÉ (Charles), élève de Pomateau, 49, rue Blomet, Vaugirard.

641. — Couple de moineaux; groupe marbre.

642. — Perruche; marbre.

643. — Moineau et couleuvre; marbre.

MATABON (Charles), né à Lyon, élève de Carlo Baldieri, de Venise 3, rue Montholon.

644. — Portrait de M. de Heussey; médaillon bronze.

645. — Portrait de M. J. S. de G.; buste plâtre.

MICHEL (Alfred), élève de Cavelier, 11, cité Fénelon.

646. — Portrait de madame Coëffier; buste plâtre.

647. — Portrait de mademoiselle C. B.; buste plâtre.

Pêtre (Charles), élève de Ar. Toussaint, chez M. Carré, 95, rue Lafayette.

648. — Naufragé, étude ; plâtre.

Poitevin fils (Auguste-Flavien), 78 *bis*, rue de Paris (Belleville).

649. — Modèle en plâtre d'un Christ.

Reverchon (François-Joseph-Charles), né à Meudon, élève de MM. Leboy, Caillouëtte, David d'Angers, 13, rue de Berri, cité Odiot, Champs-Élysées. Médaille à Troyes, en 1860 ; médaille de troisième classe à Metz, 1861 ; Médaille de troisième classe à Rouen, 1862.

650. — Portraits camées d'après nature, de diverses célébrités contemporaines : S. A. I. le prince Napoléon, S. Ex. M. Baroche ; appartient à M. J. Janin.

Roycourt (François), 83, boulevard Beaumarchais.

651. — Roses et Lauriers ; sculpture sur bois.

Simons (Adrien-Joseph), 27, rue de la Procession, à Vaugirard.

652. — Ruth ; figure marbre.

Thiaucourt (Prosper), 16, rue de Trévise.

653. — Buste en plâtre de Rachel, dans Adrienne Lecouvreur.

654. — Une statuette, terre cuite, l'Amour aux coquillages.

4

VAURÉAL (Henri de), élève de M. Toussaint, 21, rue de Vienne.

655. — Castigator; statue marbre.

VILLEMIN (Eugène).

656. — Portrait d'homme; médaillon en bronze.

GRAVURES

BRACQUEMOND.

657. — Le portrait d'Erasme, d'après Holbein; eau forte commandée par le ministère d'Etat.

658. — Le tournoi d'après Rubens. Eau forte commandée par l'Administration des musées pour la calcographie.

BELLOGUET (A.), 5, rue du Pont-de-Lodi.

659. — La laveuse, le mendiant, les vagabonds. Même cadre tiré des œuvres de Savinien Lapointe. (Voir à la peinture).

BUZELIN (Jean-Jacques), élève de M. Le Bas, né à la Chapelle-Saint-Denis, rue du Faubourg Saint-Martin, 188.

660. — Projet d'un groupe scholaire laïque, et asile pour 350 enfants. 6 feuilles.

CHAUVEL (Théophile), élève de MM. Picot, Bellet et Aligny, place de l'Arc-de-Triomphe, 10.

661. — Solitude. Eau forte.

662. — Passage de la Termoise. Eau forte.

DESBROSSES (Léopold), élève de MM. Paul Delaroche et Corot, rue d'Amboise (Montrouge), 2.

663. — Waterloo. Episode du chemin creux d'Ohain. Eau forte.

(« L'instant fut épouvantable. Le ravin était là, inattendu, béant, à pic sous les pieds des chevaux, profond de deux toises entre son double talus. Le second rang y poussa le premier, et le troisième y poussa le second; les chevaux se dressaient, se rejetaient en arrière, tombaient sur la croupe, glissaient les. quatre pieds en l'air, pilant et bouleversant les cavaliers..., et quand cette fosse fut pleine d'hommes vivants, on marcha dessus, et le reste passa. » (Voir à la peinture.)

GAUTIER (Amand), rue d'Isly, 8.

664. — Les folles de la Salpétrière, d'après le tableau de l'auteur.

665. — Les bords de l'Oise, d'après Daubigny. (Voir à la peinture.)

666. — Croquis à l'eau forte. Un cadre. (Voir à la peinture.)

GILBERT (Achille), rue des Grands-Degrés, 4.

667. — La fortune. (Voir à la peinture.)

GREUX (Gustave-Marie), rue de la Pépinière, 75.

668. — Cerf à l'eau, d'après M. Combet.

669. — Bord du Danube, d'après M. de Tournemine.

KELLER (mademoiselle D. Gabrielle), élève de mademoiselle Rosa Bonheur et de M. Soulange Tessier, 15, rue du Vieux-Colombier.

670. — Tête de cheval, d'après Rosa Bonheur.

671. — Jeune cardinal, d'après Sainted.

672. — La petite fille et sa poupée, d'après Sainted.

LOMBARD (Louis), né à Paris, élève de M. Gleyre, rue Labat, 22, Paris-Montmartre.

673. — Les Borriqueros, Espagne. Eau forte faisant partie de la collection des aqua-fortistes.

MANET (Édouard), 69, rue de Clichy.

674. — Les Petits cavaliers, d'après Velasquez.

675. — Philippe IV, d'après Velasquez.

676. — Lola de Valence.

MASSON (Alphonse), élève de MM. Decamps et Ingres, 17, rue Véron, Montmartre-Paris,

677. — Le Martyre de saint Barthélemy, gravure d'après Ribeira.

PIERDON, 11, Rond-Point, à Boulogne (Seine).

678. — Un corps de garde hollandais et cèdres du Liban.

679. — Le Passeur d'après A. Leleux et un intérieur de fromagerie en Auvergne, d'après Laurens.

680. — Une fileuse et une Beurre, Auvergne, d'après J. Laurens. (Voir à la peinture.)

REGNAULT (Thomas-Casimir), élève de De Juine et
David d'Angers, rue de Louvois, 2.

681. — Portrait de mademoiselle la baronne Louise
Pichon, entourée de fleurs.

682. — Le Réveil de la Pologne.

683. — L'Heure de midi.

ARCHITECTURE

CHIPIEZ (Charles), boulevart Sébastopol, 3, élève de MM. Constant-Dufeux, Violet-le-Duc et Danjoy, en collaboration avec M. A. Durand, élève de MM. Constant-Dufeux et Danjoy.

684. — Projet de Bourse, projet présenté au concours ouvert par la ville du Havre, en 1861. Quatre dessins, même numéro.

1° Façade principale ;
2° Coupe longitudinale ;
3° Plan du rez-de-chaussée ;
4° Plan du premier étage.

685. — Projet d'hôtel-de-ville, présenté au concours ouvert par la ville de Roanne en 1861. Trois dessins, même numéro.

1° Façade principale ;
2° Coupe transversale ;
3° Plan du rez-de-chaussée et du premier étage.

MOULIN (Sainte-Marie-Hardouin-Hippolyte), artiste lithographe, rue Saint-Antoine, 90.

686. — Projet d'un portail d'église sous l'invocation de sainte Eugénie.

VIRLOUVET (Louis-Maxime), né à Écouché (Orne), 10, rue de Ponthieu, Paris.

687. — Projet (esquisse) d'une fontaine monumentale dédiée à Sa Majesté Napoléon III.

Même cadre, comprenant :
- Élévation, côté gauche ;
- Plan, partie supérieure ;
- Coupe verticale, suivant l'axe ;
- Coupe horizontale et plan, partie inférieure.

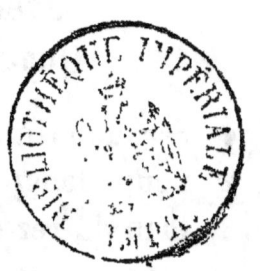

Paris. Typ. PILLET FILS AÎNÉ, rue des Grands-Augustins, 5.

www.ingramcontent.com/pod-product-compliance
Lightning Source LLC
Chambersburg PA
CBHW071422220526
45469CB00004B/1390